CreateSpace Publishing, Seattle 2014.

Copyright, Lucio Giuliodori 2014.

ISBN-10 : 1502903652

ISBN-13 : 978-1502903655

ASIN : B00LMOSPW8

www.luciogiuliodori.net

Dello stesso autore:

Sul concetto di sincronicità: Jung tra psicanalisi e
quantismo

Tra fisica e metafisica: alcune implicazioni
filosofiche della meccanica quantistica

L'Arte come Via Iniziatica: Franco Battiato.

Tra magia e follia: l'alchimia di vita e psiche in
Giordano Bruno

Psicanalisi della pittura: Dino Valls e l'immagine
attiva dell'inconscio

Lucio Giuliodori

Dall'uomo medio all'uomo superiore:
la psicologia iniziatica di Roberto Assagioli.

INDICE

L'uomo normale è la meta ideale per i falliti della vita, per tutti coloro che sono al di sotto del livello generale di adattamento; ma per coloro che hanno possibilità molto maggiori di quelle dell'uomo medio, l'idea o la costrizione morale di essere soltanto normali costituisce la tortura di un letto di Procuste, una noia insopportabile, una noia senza speranza.

Carl Gustav Jung

1.   Psicologia e filosofia perenne.

«L'uomo è un varco, attraversandolo passiamo dal mondo esterno degli dèi, dei demoni, delle anime, al mondo interiore, passiamo dal mondo più grande al più piccolo. [...] A incommensurabile distanza brilla una stella solitaria, allo zenit. Questo è l'unico Dio. Questo è il suo mondo, il suo Plèroma, la sua divinità. In questo mondo l'uomo è Abraxas, che dà alla luce o divora il proprio mondo. Questa stella è il Dio e il fine dell'uomo»[1].

Questo esplicito monito di Jung che esorta a guardarsi dentro, cercare se stessi e cercare ancora secondo il monito delfico, fino a trovare... Dio, addita al cammino a cui l'essere umano è chiamato secondo quelle filosofie cha vanno sotto il nome di

---

[1] C. G. JUNG, cit. in W. J. HANEGRAAFF, *New Age Religions and Western Culture: Esotericism in the Mirror of Secular Thought*, E. J. Brill, Leiden, 1996, p. 503.

«tradizionali» o «perenni», rimembrando la definizione di Agostino Steuco, canonico lateranense eugubino del '500.

Fino a pochi decenni fa, la principale scuola in psicologia, la comportamentista, si occupava della parte esteriore dell'uomo con risultati che al di là di qualsiasi migliore previsione, non potevano che essere e rimanere *superficiali*.

Come affermano gli studiosi Baigent e Leigh nel loro approfondito saggio *L'elisir e la pietra*:

«La moderna psicologia, in particolare nelle università, è scaduta ad una generale superficialità, a semplici statistiche di riflessi condizionati e di costanti di comportamento, una ridicola scienza dell'ovvio. Gli studenti studiano anni per diventare nient'altro che direttori di circhi di poveri roditori. Vengono spese somme enormi per provare che, se un cane viene punito quando abbaia e nutrito quando fa una capriola, è più facile che faccia una capriola piuttosto che abbaiare. E' così che la realtà riflette la natura frammentaria della nostra psiche»[2].

Pavlov e la scuola russa andavano dunque superati, non si poteva continuare a fare esperimenti sul comportamento dei ratti o dei cani per studiare... l'uomo. Il fatto che i sentimenti, le idee, le immagini, le intuizioni, le ispirazioni (e in parte anche i sogni)[3] rimanessero invisibili (al microscopio meccanicista) non smentiva certo la loro esistenza, come non smentiva nemmeno conseguenze e implicazioni ad esse sottese proprio a livello di comportamento, il livello del «visibile»[4].

---

[2] M. BAIGENT – R. LEIGH, *L'elisir e la pietra. La grande storia della magia*, tr. it. di S. Lalia, Il Saggiatore, Milano 2003, p. 286.

[3] Per non parlare degli stati di coscienza diversificati, delle *near death experiences* o anche perfino di semplici esperienze di meditazione.

[4] «I sentimenti, le idee, le immagini, le mete e i valori sono dunque considerati dei fatti, dal momento che esse esercitano un potente effetto sull'uomo e sul suo comportamento e, in quanto fatti, possono essere studiati scientificamente». P. GUGGISBERG NOCELLI, *La via della psicosintesi*, L'Uomo Edizioni, Firenze 2011, p. 101.
Zolla afferma che «l'alchimista afferra l'intreccio degli elementi invisibili per mezzo di un'immaginazione purificata. Egli saprà con l'esercizio, concentrare le sue

Da Freud in poi dunque, si puntarono i riflettori sull'interiorità, si cominciò inizialmente ad indagare quella più oscura ed istintuale fino ad arrivare, attraverso Jung, Assagioli e tutti i transpersonalisti, alla parte superiore, a tutto ciò che risplende, che trascende, che *incarna* l'uomo nei suoi presupposti ontologici. Si è così arrivati a parlare di superamento, di transpersonale, di «oltre la persona», di sintesi bio-psico-spirituale, di un individuo migliorabile, si è tornati a parlare di «anima», riportando la psicologia al suo significato primigenio di scienza (*logos*) dell'anima (*psiché*). Ma soprattutto si è cominciato a studiare l'uomo cosiddetto «sano»: la psicologia non serve per curare alcuni individui affetti da svariate nevrosi o fobie, la psicologia come scienza dell'anima mira ad elevare l'uomo ad un'esistenza più degna, in cui l' "anima" esista. Serve a riconnetterlo ad essa facendogliene fare *esperienza*.

Ogni uomo può cimentarsi nella scienza dell'anima, non è necessario essere malati,

---

immagini, come l'acqua s'indurisce in ghiaccio. In certi frammenti Paracelso parla di ghiaccioli di immagini sparati nell'altrui mente, a fin di bene o a fin di male». E. ZOLLA, *Gli usi dell'immaginazione e il declino dell'Occidente*, A.I.R.E.Z., 2010, p. 60.

malati tra l'altro lo siamo già tutti comunque, in quanto cresciuti in una società già malata di per sé.

Questi dunque i temi fondamentali che rimandano di fatto ai presupposti precipui della *Perennis Philosophia*. John Holman nel saggio *Il ritorno della filosofia perenne*[5] dedica allo psichiatra veneziano un intero paragrafo a sottolinearne la marcata affinità col Tradizionalismo[6]. Per capire bene tale affinità dobbiamo domandarci qual è il fine ultimo delle filosofie tradizionali per scoprire poi che esso coincide con quello degli psicologi che cercano l'«oltre della persona», spingendola al di là dei suoi limiti - necessari punti di riferimento di un processo sintetico che li vede protagonisti solo in quanto trascendibili:

> «Esso secondo i mistici e gli esoteristi, è unirsi nella coscienza con Dio. Lo sviluppo *spirituale*, quindi, è al di là dello sviluppo *personale*; è questo il punto di vista di Jung e dello psichiatra italiano Roberto Assagioli. Quest'ultimo fu il fondatore della scuola della *psicosintesi*,

---

5 Cfr: J. HOLMAN, *La filosofia perenne*, tr. it. di E. Farsetti, Artheusa, Torino 2011.

6 Mi permetto di usare i termini «Tradizionalismo» e «Perennis Philosophia» come sinonimi.

rivolta allo sviluppo e alla terapia personale e spirituale; [...] La psicosintesi è una concezione della vita psicologica, un metodo di sviluppo psicologico, una filosofia e un trattamento per disturbi psicologici e psicosomatici e, *infine*, una filosofia e un metodo di educazione integrale (personale e spirituale)»[7]. In sintesi: «I metodi della psicosintesi combinano tecniche di psicoterapia, educazione e disciplina spirituale»[8].

La sintesi dell'uomo a cui Assagioli aspira, sottende e richiede di fatto una filosofia esoterica, tradizionale o perenne, base fenomenologica di tale psico-logia sintetizzante che va dunque a delinearsi quale vera e propria Via Iniziatica:

«Nel cuore delle grandi religioni risiede un nucleo di saggezza conosciuta nei termini di saggezza eterna, filosofia perenne, unità trascendente di religioni o discipline della coscienza. Questa saggezza perenne, per essere compresa,

---

[7] J. HOLMAN, cit. p. 171.
[8] D. RUSSELL, *Seven basic constructs of psychosynthesis*, in "Psychosynthesis Digest, Vol. 1, n. 2.

praticata e realizzata nel modo giusto, sembra richiedere una nuova affermazione e una nuova interpretazione nella lingua e nei concetti di ogni cultura ed epoca. Uno dei sistemi di concetto predominante oggi nella cultura occidentale e uno dei più rilevanti per trattare dello sviluppo transpersonale è la psicologia. [...]
In altre parole, la psicologia contemporanea e specialmente quelle scuole come la psicosintesi e la psicologia transpersonale, possono quindi offrire una strada con cui la saggezza eterna può fare nuovamente il suo ingresso per infondere e magari trasformare la cultura occidentale»[9].

Se la filosofia non ha valore pratico, se non ha una portata rivoluzionaria proprio a partire dall'esistente, essa non assurge a quell'attuabilità intrinseca che la fonda nella sua significatività primigenia e sostanziale. Nella consapevolezza che mondo interiore e mondo esteriore siano interconnessi hanno insistito tutte quelle filosofie che vengono

---

[9] R. WALSH, *I confini della psicologia* in M. Roselli (a cura di), *I nuovi paradigmi della psicologia*, Cittadella, Assisi 1992, pp. 76-77.

definite *tradizionali* o *perenni,* saggezze che si perdono nel corso dei secoli, echeggiando e a volte rimbombando perfino alle orecchie attente di chi sa ascoltarle.

Dall'antichità al Rinascimento, dall'era moderna a quella contemporanea, la Tradizione non ha mai smesso di parlare, di evocare, di simboleggiare e infine spronare a *fare,* in quanto è proprio nell'esperienza che risiede la sua essenzialità e infine la sua attendibilità[10].

La psicosintesi si allinea a questo filo rosso che tetragono segna la sua Via tra i secoli, impreziosendolo tramite un apporto che il suo ideatore, Roberto Assagioli, ha costruito meticolosamente nel corso della vita, attraverso quella serietà e quell'umiltà che marcatamente lo ha contraddistinto. Nello sviluppo della metodologia psicosintetica, lo psichiatra veneziano, ha da sempre palesato un approccio prettamente sincretista, assimilando elementi concettuali ed operativi da tradizioni sapienziali del passato per poi sintetizzarle, sistematizzando un metodo che,

---

[10] A tale proposito rimando al mio saggio: *Esperienze metafisiche esposte in evidenza: Elémire Zolla e la Tradizione* in "Frammenti di filosofia contemporanea", Limina Mentis Editore, Villasanta 2013.

forte della sua matrice iniziatica, scende dritto nella psiche intera[11] e *lì* va ad agire.

«La psicosintesi si propone di interagire lo studio della parte cosciente della personalità e dell'inconscio inferiore e medio con l'indagine del supercosciente, delle energie superiori latenti in ognuno, e con l'uso dei metodi per la loro attivazione e la loro integrazione nella personalità umana»[12].

L'intento non è solo quello di conoscere la psiche - il continuo rimando assagioliano al monito delfico ne è indicativo al riguardo - ma anche quello di trasformarla, potenziarla, migliorarla, evolverla, proprio perché ne esistono le possibilità: esse sono latenti, non assenti.

E' su questa base essenzialmente pratica che l'eredità della filosofia perenne mutuata dallo

---

[11] La psicosintesi non riconosce le separazioni e le limitazioni di indagine presenti nei vari approcci psicologici antecedenti ad essa come ad esempio il comportamentismo (la cosiddetta "prima forza" in psicologia), che rimane solo in superficie o la psicanalisi freudiana (seconda forza) che rimane solo nell'indagine dell'inconscio inferiore.
Essa punta ad indagare e trasformare la psiche nella sua totalità; il celebre grafico dell'ovoide assagioliano è esplicativo a tale riguardo.
[12] R. ASSAGIOLI, *Lo sviluppo transpersonale*, Astrolabio, Roma 1998, p. 74.

psichiatra veneziano va ad innestarsi e lo fa attraverso una tesaurizzazione e rielaborazione psicologica e fenomenologica delle dottrine sapienziali del passato, la quale proprio nell'incontro di tradizioni (apparentemente) lontane fonda la sua effettualità: «Egli si ispira alla tradizione classica dei Misteri Orfici ed Eleusini, a quella cristiana dei grandi mistici e alla cultura indiana che può essere d'aiuto all'uomo contemporaneo proprio perché in essa manca il dissidio, caratteristico dell'occidente, tra sentimento e pensiero, fede e ragione»[13].

Assagioli incarnava questa eredità nel senso più autentico, la sua testimonianza non era meramente intellettuale ma fattuale, operativa, creativa: «Assagioli non dava insegnamenti diretti: egli era la testimonianza vivente della sua psicosintesi. Secondo coloro che lo hanno incontrato incarnava pienamente il suo messaggio, sintetizzava nella sua persona ciò che di più bello c'è in tutte le religioni e le filosofie. [...] Sapeva toccare l'anima delle persone. Il contatto con lui trasformava psicologicamente e spiritualmente. [...] Dopo averlo conosciuto

---

[13] P. GUGGISBERG NOCELLI, *La via della psicosintesi*, op. cit. , p. 30

dicono, non si era più gli stessi , non tanto per quello che diceva ma per come era»[14].

---

[14] *Ivi*, p. 89.

*Ogni uomo è in grado di fare tutto ciò che gli altri
riescono a fare: se può uno possono tutti.
Genio, talento: tutto ciò non ha senso.*

George Ivanovich Gurdjieff

2. Dall'uomo medio all'uomo superiore.

La sete di conoscenza che spinge l'uomo ad indagare i confini della sua psiche, è ciò che lo rende degno come essere umano. La domanda intorno alla natura di sé dovrebbe accompagnare il cammino terrestre di ogni individuo, in quanto qualsiasi altra questione da essa prescinde e da essa dipende.

La modernità sembra aver reciso quelle fibre noumenali che garantiscono un contatto verticale con l'essere, che allineano il soggetto ad una vera immersione sovracosciente. Per questo Assagioli riteneva «strano e pericoloso che l'uomo moderno avesse studiato con tanto interesse, coraggio e sacrificio il mondo esterno e il proprio corpo, trascurando l'esplorazione del mondo interno, la conoscenza della propria natura di essere umano; che avesse conosciuto le potenti forze della natura ignorando invece le forze che esistono e che si agitano nel suo animo, lasciandosene tanto spesso travolgere e dominare»[15].

Se non siamo noi a dominare le forze interne saranno loro a dominare noi, Gurdjieff direbbe che dobbiamo essere noi a guidare la carrozza, noi il cocchiere, in caso contrario la carrozza può andare a caso o addirittura fermarsi; questo è il caso dell' uomo comune, ossia dell'individuo che non ha intrapreso un percorso di consapevolezza, un individuo che ignora chi è e dove sta andando.

Ma l'uomo, ineluttabilmente, *va* in qualche direzione, la vita stessa è il percorso, basta *iniziarlo*. In caso contrario ci si arena in uno stato confusionale ben simboleggiato dalla lama numero zero degli Arcani Maggiori: il Matto, ciò che viene prima di tutto il percorso delle 21 carte rappresentanti la Via, coronata dal Mondo, l'ultima trionfante lama che chiude il cerchio, l'evoluzione del viandante, il quale tra l'altro come ebbe a dire Marcello Salustri è uno con la via e con lo stesso andare: «Tre sono i temi ricorrenti nell'Opera: la via, il viandante, il viaggio.

Invero i tre sono uno perché non esiste via senza viandante, né viandante senza viaggio,

---

[15] R. ASSAGIOLI, *La conoscenza di sé*, in *Corso di lezioni sulla psicosintesi*, dattiloscritto, 1973, p. 1.

né viaggio senza via. Così il cerchio si chiude, ed i tre si ricompongono nell'unità».

Un essere che sapeva dove stava andando e che trascendeva ampiamente l'uomo medio, era sicuramente Roberto Assagioli, un uomo che perfino in prigione riusciva a sentirsi libero. E' proprio dagli appunti inerenti a quel periodo[16] che si evincono le esperienze transpersonali dello psichiatra, il quale sperimentò di fatto un isolamento puramente fisico mentre la coscienza esperiva stati di vetta, *peak experiences* appunto:

«Assagioli è in isolamento: i suoi appunti ci dicono molto poco a proposito della prigionia in sé ed esaminano piuttosto le esperienze psicologiche e transpersonali da lui sperimentate nelle quali conosce «un senso di sconfinatezza, di non separazione da tutto ciò che è, un'unione del sé col tutto... una spinta verso l'esterno, un riversarsi ed espandersi in

---

[16] Assagioli era ebreo e durante il periodo del nazifascismo fu costantemente ricercato, la sua casa fu incendiata e lui fu costretto a vivere rifugiandosi nelle grotte dei monti della Toscana ma alla fine purtroppo lo trovarono e per un periodo lo imprigionarono con l'accusa di pacifismo.

tutte le direzioni, come una sfera in perenne espansione. Un senso di amore universale... Una meravigliosa unione, senza alcuna separazione; solo aspetti diversi di un'unica meraviglia»[17].

Sicuramente un uomo comune - e con tale espressione intendo l'uomo medio massificato ben descritto anche da Elémire Zolla in *Volgarità e dolore*[18] - più che esperienze di meraviglia ed estasi, rinchiuso in una cella avrebbe probabilmente esperito tristezza e afflizione. Lo psichiatra veneziano però era sicuramente una personalità fuori della norma:

«Certamente non si può definire Assagioli un uomo comune. [...] Viene paragonato ad un saggio, ad un maestro, ad un'anima antica ritornata per insegnare, ad un illuminato, ad un profeta. Era sicuramente una figura ieratica, dall'aria ispirata. Sembrava in continuo dialogo con lo spirito. La sua nota dominante era uno stato di

---

[17] P. GUGGISBERG NOCELLI, *La via della psicosintesi*, L'Uomo Edizioni, Firenze 2011, p. 53

[18] Cfr. E. ZOLLA, *Volgarità e dolore*, Bompiani, Milano 1966.

coscienza diverso. Viene definito una persona superiore che cercava veramente di aiutare gli altri e che sapeva dare spinte iniziatiche; una persona molto evoluta in contatto con livelli di coscienza preclusi ai più»[19].

Alice Bailey, che con lo psichiatra italiano fu in stretto contatto (ricordiamo che sia la moglie che la madre di Assagioli erano teosofe e lui stesso entrò in contatto con questo movimento), nella sua autobiografia, in occasione di una conferenza in Svizzera, così lo descrive:

«Incontrammo colà il dottor Assagioli, nostro rappresentante in Italia per molti anni, e quel rapporto ed i molti anni di collaborazione furono un aspetto felice e importante. Era medico specialista del cervello a Roma e, quando lo conoscemmo, considerato anche come uno psichiatra di fama europea. E' un uomo dal carattere di rara bellezza. Quando entrava in una stanza le sue qualità spirituali ne segnalavano la presenza. Frank D. Vanderlip nel suo

---

[19] P. GUGGISBERG NOCELLI, cit. p. 90.

libro *What next in Europe* ne parla in modo eccellente. Lo chiama il moderno S. Francesco d'Assisi e afferma che la mattina che trascorse con lui segnò il massimo livello del suo viaggio europeo. [...] I suoi discorsi erano la parte saliente delle conferenze di Ascona. Parlava francese, italiano e inglese ed il potere spirituale che emanava stimolava molti a rinnovare la consacrazione della vita»[20].

Assagioli era un individuo che aveva imparato a trascendersi, aveva compreso che i limiti esistono solo per essere continuamente sfidati e superati, di qui il senso dell'espressione «guerriero spirituale» ricorrente in gran parte della cultura esoterica occidentale, non solo in letteratura (Castaneda su tutti) ma anche nella pittura surrealista contemporanea (dove sovente l'elemento esoterico è preponderante), pensiamo a *At the foot of the garden* di Madeline Von Foerster, a *Argentea* di Dino Valls e ad alcuni dipinti senza titolo del giapponese Shoji Tanaka.
Il vero guerriero non è quello che sa attaccare ma quello che non ha più bisogno di difendersi, è cioè l'individuo che non si basta,

---

[20] A. BAILEY, *Autobiografia incompiuta*, Edizioni Nuova Era, Roma 1989, p. 84.

che osa divenire «oltreumano», che mira ad un orizzonte noetico ed esistenziale più ampio, che, come direbbe lo stesso Assagioli, mira al Sé Superiore.

«Arriva un momento in cui anche di Shakespeare o di Beethoven ci chiediamo: è tutto qui?»[21] Le parole di Aldous Huxley non sono per nulla provocatorie ma strettamente pertinenti alla fenomenologia che «le psicologie dell'oltre» intendono proporre.

Esse di fatto pongono ed impongono un divario, una scelta, un vero e proprio «salto all'altro io» per tornare ancora a Castaneda: dall'uomo medio all'uomo superiore.

Se il salto non si attua allora rimane la diversità, la voragine, l'abisso «senza la corda tesa» per dirla con Nietzsche.

Del resto lo psichiatra veneziano ha insistito notevolmente sulla realtà e sul valore della disuguaglianza: «Se consideriamo anche superficialmente i vari esseri umani che ci attorniano, ci accorgiamo tosto che essi non sono egualmente sviluppati dal punto di vista psicologico e spirituale. E' facile constatare che alcuni di essi sono ancora in uno stadio primitivo e quasi selvaggio; altri un poco più sviluppati; altri più avanzati; e che infine

---

[21] Cit. in H. SMITH, The world's religions: our great wisdom traditions, Harper Collins, New York 2001, p. 19.

alcuni, in piccolo numero, hanno trasceso l'umanità normale e stanno raggiungendo lo stadio superumano e spirituale. [...] tale diversità di sviluppo interiore fra gli uomini è utile, anzi direi, necessaria»[22].

Sulla falsità e l'ipocrisia implicita al concetto di uguaglianza si esprime esplicitamente anche Elémire Zolla nell'opera *Che cos'è la Tradizione*, nella quale il celebre erudito torinese legge il concetto di uguaglianza quale dogma, imposto dalla modernità ai fini di appiattire l'individuo impedendogli di evolvere, bloccandolo nella mediocrità, nell'inferiorità perenne:

«L'Uguaglianza pone sul trono un re di smisurata e disincarnata tirannide: la formula statistica che serve a stabilire la media. L'uomo medio statistico diventa il Redentore, la cui imitazione è sollecitata e dovrebbe consentire ai singoli di espiare il peccato di possedere una fisionomia; guai a chi osi mai porre una domanda, provare un sentimento, svolgere uno studio, amare un'idea che a tale Redentore non paia accessibile e consumabile. Per definizione un uomo

---

[22] R. ASSAGIOLI, *Lo sviluppo transpersonale*, cit., p. 89.

medio non può cogliere ciò che è raro, superiore dunque prezioso;» - non può cogliere ciò che lo trascende dunque, non può meravigliarsi di fronte alla Filosofia perenne - «dovranno dunque essere immolati tutti i valori, i quali si giustificano sempre soltanto se imperniati sul loro vertice (la moralità deve mirare alla santità contemplativa, il linguaggio ai poemi classici, l'umanità al genio). Pochi s'avvedono dei disastri recati dal culto dell'uguaglianza, per cui ognuno si sforza di rappresentare una media fra destini incompatibili»[23].

Riconoscere e rifiutare il dogma dell'uguaglianza risulta necessario ai fini di una reale evoluzione personale; se si vuole davvero intraprendere un percorso di autotrascendimento, è necessario svincolarsi dalla media, è necessario *svegliarsi*. In caso contrario non saremmo noi a vivere la nostra vita ma piuttosto essa ci scorrerebbe accanto a nostra insaputa. Senza la nostra *attenzione* però la vita non è più nostra.

---

[23] E. ZOLLA, *Che cos'è la Tradizione*, Adelphi, Milano 1998, p. 105.

«La psicosintesi propone di considerare
la vita di tutti i giorni come un grosso
palcoscenico sul quale ognuno è
chiamato a recitare le proprie parti [...]
solo che non siamo consapevoli di stare
recitando, proprio perché non facciamo
distinzione tra l'io e i ruoli: siamo
identificati. Secondo tale ottica, l'uomo
che non abbia intrapreso un percorso di
autoconsapevolezza subisce questo
processo»[24].

Il percorso consiste nella disidentificazione, la
spersonalizzazione, il discostarsi dall'ego,
dall'importanza personale, percorso proposto
e intrapreso anche da altre figure legate allo
sviluppo e il potenziamento delle possibilità
latenti, i già citati Castaneda e Gurdjieff per
esempio ne parlano ampiamente nelle loro
opere[25].
Al di là delle varie tecniche proposte dalla
psicosintesi, ciò che preme sottolineare è
questa netta differenza qualitativa tra l'uomo
medio e l'uomo trasceso, superato,
«divinizzato» perfino:

---

[24] P. GUGGISBERG NOCELLI, cit. p. 263.
[25] Cfr. C. CASTANEDA, L'arte di sognare, Bur, Milano
2000; G. I. GURDIJEFF, Vedute sul mondo reale, Neri
Pozza, Torino 2000.

«Il Professor Gattengo dell'Università di Londra andando oltre ha aggiunto che egli considera l'uomo medio ordinario quale un essere preumano, e riserva la parola «Uomo», con la U maiuscola, solo per coloro che hanno trasceso il livello o stadio comune e che sono, rispetto a questo, supernormali.

Nel passato il culto degli esseri superiori era diffuso: i geni, i saggi, i santi, gli eroi, gli iniziati erano riconosciuti come avanguardia dell'umanità, come la grande promessa di ciò che ogni uomo potrebbe diventare. Ciò è affermato nei grandi incitamenti del Cristo: «Siate perfetti come è perfetto il padre vostro nei Cieli» e «Cose più grandi di quelle che io ho fatte, farete anche voi». Questi esseri superiori, senza disprezzare l'umanità comune, hanno cercato di suscitare in essa la spinta, l'anelito a trascendere la «normalità» e mediocrità in cui si trova, a sviluppare le possibilità latenti in ogni essere umano»[26].

---

[26] R. ASSAGIOLI, cit., pp. 72-73.

Il problema che si pone ora è: come diventare esseri superiori? Quale il metodo per trascendersi e superarsi? Questo metodo, questa psicologia dell'oltre è ciò a cui lo psichiatra veneziano ha lavorato per tutta la vita: la psicosintesi.

L'idea che la verità fosse dalla parte contro cui si schieravano solidalmente tutti, in un certo senso per me rispondeva a una determinata legge sovrasensibile.

Massimo Scaligero

3.   Malattia e normalità: la psicosintesi per l'uomo «sano».

Che cos'è la psicosintesi? Qualcuno l'ha accostata ad una vera e propria Via Iniziatica, altri ad una filosofia, in realtà essa è uno strumento che permette all'essere umano di scoprire, attivare e quindi usare molteplici potenzialità intrinseche che consentono di conoscersi ed apportare un livello qualitativo superiore alla propria esistenza la quale va a configurarsi come possibilità concreta e costante di evoluzione, di scoperta e, non in ultimo, di meraviglia.

«Fare della propria vita un esperimento» diceva Nietzsche, «questa divenne in seguito la mia filosofia». Keyserling afferma che «in ognuno di noi ci sono sviluppati ed attivi, in varia misura, tutti gli istinti e tutte le passioni, tutti i vizi e tutte le virtù, tutte le tendenze e tutte le aspirazioni, tutte le facoltà e tutte le doti dell'umanità»[27]. Potremmo dire che la

---

[27] H. KEYSERLING, cit. in R. Assagioli, *Psicosintesi – Armonia della vita*, Astrolabio, Roma 1993, p. 17.

psicosintesi si occupa di potenziare le doti disattivando i vizi al contempo, nell'orizzonte di un processo onnicomprensivo e circolare.

Nella topica assagioliana il Sé superiore, pur essendo nel punto più alto, occupa una posizione anfibia toccando sia l'interno che l'esterno del celebre «uovo» col quale lo psichiatra veneziano descrive la psiche dell'uomo, che comprende l'inconscio inferiore, quello medio e quello superiore, tutti imprescindibilmente collegati e interferenti in quel processo di sintesi che li armonizza e li potenzia.

La psicosintesi ha un valore essenzialmente pratico, essa è un'esperienza. Pur attingendo a piene mani da varie tradizioni filosofiche, la psicosintesi non è essa stessa una filosofia:

> «Troppo spesso la psicosintesi è stata accusata di essere una speculazione metafisica, essa non si interroga direttamente sui problemi ultimi, non tenta di dare risposta ad interrogativi filosofici e religiosi quali "Che cos'è lo Spirito?", "Dio esiste?". Come amava dire il suo fondatore, essa si limita a condurre l'uomo alle soglie del mistero

per poi lasciarlo libero di trovare da sé le proprie risposte»[28].

Portare l'uomo alle soglie del mistero significa innalzarlo da uno stato inferiore ad uno superiore (psicologicamente e psichicamente e di conseguenza filosoficamente ed esistenzialmente), in quanto tali soglie abitano dimore elevate o «finestre sull'eternità» per dirla con Florenskij.
Lo stesso Assagioli chiarifica la sua posizione al riguardo:

«(La psicosintesi) non è una posizione filosofica, teologica o metafisica; ma è il riconoscimento che tutte le manifestazioni della psiche umana, quali l'immaginazione creativa, l'intuizione, la genialità, i sentimenti superiori, gli impulsi ad azioni altruistiche ed eroiche sono fatti; fatti non meno reali delle pulsioni istintive, dei riflessi spontanei o condizionati e che esse si presentano ad essere studiate scientificamente e ad essere attivate, sviluppate ed utilizzate»[29].

---

[28] P. GUGGISBERG NOCELLI, cit. p. 162.
[29] R. ASSAGIOLI, *Principi e metodi della psicosintesi terapeutica*, Astrolabio, Roma 1973, p. 163.

La distanza dalla psicologia comportamentista è palesemente evidente.
L'allieva diretta di Assagioli, Angela Maria La Sala Batà a tale proposito puntualizza:

«Tali elementi psichici sono anche energie perché hanno una forza vitale, dinamica, propulsiva e sono in continuo movimento e vibrazione e inoltre producono degli effetti reali e concreti.
Il mondo psichico in altre parole, non è un'astrazione psicologica ma è una cosa reale e viva: un serbatoio di energie che costituisce la ricchezza interiore dell'uomo»[30].

«L'inconscio è reale perché agisce» come ebbe a dire Jung. Tale ricchezza va anche a configurarsi quale potenzialità che sovente supera le comuni facoltà ordinarie per classificarsi quale vera e propria capacità «magica» o appunto transpersonale, nel già menzionato senso letterale del termine: «oltre la persona», oltre l'uomo, oltre la maschera ordinaria. Questo è possibile in virtù del «server» dal quale l'uomo che si supera

---

[30] A. M. LA SALA BATA', *Guida alla conoscenza di sé*, Edizioni di Armonia e Sintesi, Roma 1999, p. 12.

attinge, mi riferisco a quello che Jung chiamava l'inconscio collettivo.

In una prospettiva di totale unione e connessione tra mondo esteriore e mondo interiore, in uno stato di *entanglement*, come direbbero i fisici quantistici che a tali considerazioni sono giunti grazie allo studio della non località nell' infinitamente piccolo, l'accesso ad energie di cospicua potenza presenti in natura, non dovrebbe più stupire. La Sala Batà è perentoria al riguardo:

«I nostri elementi psichici (istinti, emozioni, pensieri) sono energie, come abbiamo detto, e come tali emanano vibrazioni, radiazioni e onde che probabilmente si comportano come le onde e le radiazioni elettriche e magnetiche, e hanno delle caratteristiche e delle leggi simili a quelle fisiche. Inoltre, se è vero che esiste un inconscio collettivo vuol dire che esiste un *substrato*, un livello di coscienza comune a tutta l'umanità, che serve forse da ponte di congiungimento fra tutti gli uomini. Noi crediamo di essere separati, ma in realtà siamo intercomunicanti e riceviamo continuamente influssi e radiazioni in egual misura.

Questa capacità dell'uomo sono state chiamate sensibilità extrasensoriali e per ora soltanto alcuni le hanno sviluppate, ma col tempo tutti le possiederanno perché non sono capacità soprannaturali, ma facoltà umane normali. E' soltanto la nostra ignoranza, incredulità e mancanza di allenamento che ci impediscono di farle venire alla luce e di sperimentarle»[31].

La Sala Batà riferisce dunque di *alcuni* individui, non tutti, nello stesso tempo la studiosa definisce «normali» queste facoltà umane.
La sottile riflessione che qui naturalmente va ad innescarsi è quella relativa alla differenza tra la malattia e la normalità. In quale misura realmente sono diverse tali classificazioni nei vari livelli dell'inconscio? E soprattutto chi decide i parametri di queste differenze? Chi li impone?
Nell'orizzonte di una società malata e profondamente squilibrata e sofferente che non produce valori se non quelli superficiali, che crea insicurezze e paure tramite i mass media, che subliminalmente modella esseri

---

[31] *Ivi*, pp. 66-67.

medi e mediocri, massificati e massificanti, addomesticati al mero consumismo e nulla più, una società che in quelli che dovrebbero essere i suoi punti di riferimento, come storicamente lo erano e cioè il potere politico e quello religioso, trova ormai massima corruzione e vergogna[32], l'uomo piomba inevitabilmente nei meandri delle crisi interiori, delle depressioni addirittura e perfino delle nevrosi. Ma attenzione, avverte Assagioli, in tale contesto la crisi interiore non è sinonimo di malattia ma di sanità!

Chi è più malato infatti, la società e la sua becera veste ipocrita e maligna (Zolla parlava a chiare lettere di *civitas diaboli*[33]) o l'individuo

---

[32] Dai continui contatti dei politici con la mafia agli altrettanto continui casi di pedofilia del clero cattolico solo per fare un esempio.

[33] «E' necessario infatti avvedersi (ciò che molti ancora ripugnano a fare) che la *civitas diaboli* non si avvale più delle vecchie armi, dall'oscurantismo reazionario al dogmatismo ecclesiastico all'astrattezza terroristica rivoluzionaria, ma per la sua persecuzione fanatica della libertà e dell'umano non ha più bisogno di chiedere soccorso a sofismi plausibili, ovvero a un'arma infida tra le sue mani, poiché ormai dispone di un apparato industriale, un'Alcina che quietamente seduce le sue vittime sussurrando: «io ammazzerò il vostro tempo». E. ZOLLA, *Eclissi dell'intellettuale*, Bompiani, Milano 1959, p. 198.

che, inevitabilmente, ne soffre le conseguenze? Si rimembrino le parole di Krishnamurti: «Non è un segno di buona salute mentale essere bene adattati a una società malata». Lo stesso Jung aveva notato come la società moderna inducesse alla malattia: «Circa un terzo dei miei pazienti non soffrono di nevrosi definibili in termini clinici ma piuttosto della mancanza di senso e del vuoto delle proprie vite. Mi sembra [...] che questa possa essere vista come la nevrosi collettiva del nostro tempo»[34]. Quale il rimedio allora? «Riflettere individualmente su di sé, ritornare al fondamento dell'umana natura [...] questo è l'inizio della cura per la cecità che in questo momento regna»[35].

L'uomo che perde se stesso in questa palude e che si mette dunque alla sua ricerca è tutto meno che patologico, è anzi lodevole e, *inconsciamente iniziato* al cammino verso il Sé.

Per Zolla tra l'altro lo stato naturale dell'uomo è lo stato mistico, celebre a tale proposito l'affermazione: «Dal punto di vista metafisico non c'è patologia».
E. ZOLLA, *Archetipi,* Marsilio, Venezia 1996, p.36.
[34] Cit. in W. W. QUINN JR, *The Only Tradition,* State University of New York Press, Albany, 1997, p. 272.
[35] Cit. in G. WEHR, *Jung: a biography,* Shambhala, London, 2001, p. 203.

«Si considera generalmente «normale» l'uomo medio, ossequiente alle norme sociali dell'ambiente in cui vive, in altre parole il «conformista»; ma la normalità intesa in questo modo è una concezione poco soddisfacente; essa è statica ed esclusiva. Questa normalità è una «mediocrità» che non ammette o condanna tutto quello che è fuori dalla norma, e che quindi è considerato «anormale», senza tener conto del fatto che molte delle cosiddette «anormalità» sono in realtà inizi o tentativi di superare la mediocrità»[36].

La normalità viene dunque a delinearsi come uno stato di sviluppo bloccato, da cui la calzante definizione di «patologia della norma»: la società tende a spingere le persone verso un livello da lei premeditato, un livello appiattente ma conforme al suo obiettivo di «sviluppo» (regresso) attraverso il quale essa gestisce tale massa di individui non più liberi. In quanto premeditati, pre progettati. Più che veri e propri «individui» essi sono dei modelli su scala, ovviamente tutti totalmente ignoranti e inconsapevoli del processo che li

[36] R. ASSAGIOLI, Lo sviluppo transpersonale, Astrolabio, Roma 1988, p. 74.

vede «protagonisti». Se l'*individuo* è «ciò che non si può dividere», l'individuo prodotto dalla società moderna non è più tale poiché già diviso a priori: egli nasce diviso. Se il diavolo è ciò che divide - tornando all'appropriata definizione zolliana - questo individuo è ciò che il suddetto diavolo è riuscito a frammentare: è il suo esatto prodotto, la sua «opera d'arte».

A questo si aggiunga, sempre a proposito del «diavolo», il potere politico di uno stato quale il Vaticano il quale, attraverso la visione del mondo che propone, tende a spaventare l'individuo con la paura dell'inferno, di fatto una minaccia reale e costante - in tale *aut-aut* il libero arbitrio non può infatti sussistere: o si assecondano i dogmi di Dio o si va all'inferno. All'interno di tale processo la massa oltre che ignorante e inconsapevole diventa anche impaurita, a questo punto il potere temporale e quello «spirituale», che purtroppo per l'uomo (medio) non hanno mai smesso di sincronizzarsi su medesime frequenze, hanno la meglio nell'imporre modelli culturali a loro conformi, i quali recano vantaggio solo al mantenimento del loro potere politico, economico, culturale e psicologico (la «religione» di fatto, nel senso primigenio del termine, non rientra nemmeno più in questo processo, come invece il Pontefice vorrebbe far *credere*. Una religione che è al tempo stesso uno stato è una contraddizione *tout court*). Non va dimenticato che la paura è un sentimento fondamentale, per chi vuole addormentare e addomesticare l'uomo, come fondamentale è la sua sconfitta per chi vuole svegliarlo e liberarlo: «soltanto chi si è liberato dalla paura è veramente libero»[37]. Sembra di sentire l'eco di Nikos Kazantzakis: «Sono privo di speranza. Sono privo di paura. Sono libero».

Il problema che a questo punto nasce da sé è relativo ai termini che fissano il livello evolutivo della società in relazione a quello dei singoli individui[38].

---

[37] *Ivi*, p. 83.
Paura e conoscenza di sé, della propria divinità sono d'altronde strettamente interconnesse, come giustamente fa notare Huxley: «Non ci si può liberare dalla paura con uno sforzo personale, ma solo con l'assorbimento dell'ego in una causa più grande dei suoi interessi. L'assorbimento in una causa qualsiasi libererà la mente da alcuni dei suoi terrori; ma solo l'assorbimento nell'amore e nella conoscenza del divino Fondamento può liberarla da *ogni* paura». A. HUXLEY, *La filosofia perenne* (1945), tr. it. di G. De Angelis, Adelphi, Milano 2008, p. 226.
[38] Cfr: R. WALSH, *I confini della psicologia*, op. cit.

In questa ottica vengono stravolti i termini stessi di salute e malattia, per lo meno nell'accezione secondo la quale essere malati significa accusare dei sintomi e non esserlo significa non accusarne. Abram Maslow a tale proposito è al quanto chiarificatore:

«Essere ammalati significa forse accusare sintomi? [...] E la salute significa esser privi di sintomi? Lo nego. Quale dei nazisti ad Auschwitz o a Dachau era in buona salute? Quelli con la coscienza tormentata, o quelli la cui coscienza appariva loro chiara, limpida, serena?»[39].

La psicologia di Roberto Assagioli non è solo una terapia dell'uomo malato ma si configura anche quale potenziamento dell'uomo sano, di qui il suo imprescindibile valore: non si cura nel senso consueto del termine, piuttosto si invita a guardarsi dentro per scovare le potenzialità latenti e fino a quel momento sconosciute per dunque attivarle, risvegliarle, accrescerle, ai fini di un'esistenza più armoniosa, più felice e, nello stesso tempo tale processo si delinea quale continua ed affascinante scoperta di sé.

---

[39] A. MASLOW, *Verso una psicologia dell'essere*, Astrolabio Ubaldini, Roma 1971, p. 19

Secondo questa nuova psicologia, termini quali «malattia» e «terapia» sono sostituiti dai meno atavici «crescita personale» ed «autoesplorazione»:

«In una visione olistica che non divide più rigidamente la parte sana dell'essere umano da quella malata, in cui l'uomo non è visto attraverso la lente deformante della patologia, ma come totalità in costante crescita e proiettata verso l'avvenire, il concetto di terapia si amplia per arrivare a toccare gli ambiti dell'educazione, dell'autoformazione»[40].

E' in questo senso che la psicologia di Assagioli è inevitabilmente accostata all'alchimia, ma ascoltiamo lo stesso psichiatra veneziano a questo proposito:

«Quando si parla di alchimia si pensa ai tentativi di «fare l'oro» (cosa che pareva incredibile, ma che ora sembra meno fantastica da quando l'uomo manipola gli atomi trasformando un elemento in un altro); ma in realtà i libri di alchimia araba e medievale usavano spesso un

---

[40] P. GUGGISBERG NOCELLI, cit. p. 132.

linguaggio simbolico per esprimere l'alchimia psico-spirituale, cioè la trasmutazione stessa dell'uomo. Ciò è stato riconosciuto da vari studiosi moderni, soprattutto dallo Jung, il quale negli ultimi anni della sua vita ha dedicato molto tempo e vari scritti al simbolismo alchemico»[41].

L'uomo sano dunque è l'uomo in cammino verso sé, l'uomo che trasmuta, che si esplora e si modifica, scoprendo le sue infinite potenzialità, le meraviglie che gli abitano dentro, vere e proprie ricchezze, per tornare al simbolismo dei metalli preziosi.
Questo tipo d'uomo superiore, soppianta l'ormai obsoleto uomo medio, ridicolo perfino agli occhi di chi ha intrapreso la Via, una via senza ritorno, in quanto come afferma il padre della psicosintesi, una volta iniziato il percorso è impossibile tornare indietro:

«Ricordiamo che una volta stabiliti i rapporti tra la personalità e lo Spirito, una volta iniziata l'opera di unificazione, questa non può più arrestarsi, neppure se tentiamo di ribellarci, poiché le

41 R. ASSAGIOLI, *Lo sviluppo transpersonale*, cit., p. 82.

energie spirituali sono più potenti delle forze puramente psicologiche»[42].

La psicosintesi è un addio all'uomo comunemente inteso, il passo di non ritorno verso una coscienza superiore, che forse ancora incute troppo sospetto per via dell'ombra inquietante e imponente che riflette la normalità, costruita ad arte dalla società moderna e dai suoi strumenti di potere politico e culturale. In tale orizzonte regredente, essa tutto sovrasta, spesso anche la capacità di discernere.

«Però, ora si è cominciato a reagire contro questo meschino culto della «normalità»; pensatori e scienziati del nostro tempo vi si sono opposti con decisione. Tra i più autorevoli si può citare Jung, il quale non ha esitato ad affermare che:

«L'uomo normale è la meta ideale per i falliti della vita, per tutti coloro che sono al di sotto del livello generale di adattamento; ma per coloro che hanno possibilità molto maggiori di quelle dell'uomo medio, l'idea o la costrizione morale di essere soltanto normali

[42] R. ASSAGIOLI, *Psicosintesi*, cit., p. 146.

costituisce la tortura di un letto di Procuste, una noia insopportabile, una noia senza speranza»[43].

Una delle peculiarità dell'uomo normale è l'estroversione, egli deve sempre fare qualcosa che lo proietta fuori di sé, che lo distragga e lo tenga lontano dal suo mondo interiore[44]. Se l'uomo normale è lasciato a se stesso, semplicemente si annoia. Se non ha i passatempi preconfezionatigli dalla società, se non dispone di intrattenimento televisivo, sportivo o qualsivoglia specifico passatempo del momento, quello più condiviso, egli si deprime. Non sa di possedere un mondo interiore, nessuno glielo ha mai detto, la società ha fatto di tutto per convincerlo del contrario educandolo solo ai modelli superficiali e massificanti da essa proposti.
Assagioli sottolinea approfonditamente tale problematica:

---

[43] *Ivi*, p. 72.
[44] «Diceva di alcuni, si agitano perché non pensano. "fare" li mangia vivi. Ma in realtà, precisava, si muovono e non fanno altro. Cambiano posto, semplicemente». M. SGALAMBRO, *Marcisce anche il pensiero*, Bompiani, Milano 2013, p. 24.

«L'introversione è una necessità urgente per l'uomo moderno; la nostra civiltà attuale è così esageratamente estrovertita che l'uomo è preso in una frenetica ridda di attività che divengono fini a se stesse. Si può dire che l'uomo «normale» viva oggi psicologicamente e spiritualmente «fuori di sé»; questa espressione che nel passato veniva usata per i malati di mente, è oggi adatta per l'uomo moderno! Egli ormai vive dappertutto fuorché dentro se stesso; egli è in realtà «ec-centrico», cioè vive fuori del proprio centro interno»[45].

Forte è l'assonanza con il celebre *centro di gravità permanente* di gurdjieviana memoria, citato da Battiato nel famoso e omonimo brano degli anni '80, appartenente all'album dall'eloquente titolo *La voce del padrone* - altra citazione di Gurdjieff.
L'individuo veramente tale, cioè indiviso, deve imporre la propria presenza a tutto il suo essere, deve fargli sentire la sua voce: è lui il padrone, è lui il «dio» del centro di gravità che permane al di là della superficialità esteriore. Un individuo rivolto all'esterno, in

---

[45] *Ivi*, p. 75.

francese *désaxé*, fuori dal suo asse, fuori dal suo centro, non è e non può essere padrone di se stesso.

«Occorre quindi controbilanciare la vita esterna mediante una adeguata vita interna. Dobbiamo rientrare in noi stessi. Occorre che l'individuo rinunci alle sue molteplici continue evasioni, e che si volga invece alla scoperta di quello che è stato di recente chiamato lo spazio interno»[46], probabilmente lo stesso spazio interno che reclamava Ballard nel quale le intime pulsioni dell'animo si scontrano con le subliminali intromissioni dei mass media, come ebbe a sottolineare il celebre scrittore britannico[47].

L'ascesa al mondo interiore è indice di *salute*, chiunque compia il percorso di discesa si avvia alla sanità - sembra proprio che in tale visione del mondo, di fatto lontana anni luce dai moniti della Chiesa, il vero «peccato» sia lo star male, fisicamente o psicologicamente[48]. D'altronde se diamo per vero il motto alchemico, il tesoro che ci spetta è tutt'altro che insignificante: *visita interiore terrae*

---

[46] *Ibidem*.
[47] Cfr: J. G. BALLARD, *Visioni*, Shake, Milano 2008.
[48] A tale proposito rimando al mio saggio *Il Risveglio*, Midgard, Perugia, 2007.

rectificando invenies occultum lapidem[49]. Già Eckhart diceva: «Scendi in fondo a te stesso e impara a conoscerti là». «Occorre riconoscere che non vi è soltanto il mondo esterno, ma che vi sono vari mondi interni, e che è possibile , anzi doveroso, conoscerli, esplorarli, conquistarli. Questa è una necessità di equilibrio e di salute»[50]. La salute risiede nella consapevolezza dell'imprescindibile unione di questi due mondi apparentemente lontani, non solo ma innanzitutto della centralità del primo rispetto al secondo. E' questo uno dei temi di massima importanza per lo studio comparato dell'esoterismo se non il principale probabilmente. Nella dettagliatissima opera che Elémire Zolla ha dedicato allo studio dell'alchimia, il filosofo torinese afferma:

«Dalla trasmutazione dell'interiorità umana tutto dipende? Dall'ordine dentro di me dipende quello del mondo attorno a me? Se io divento pura e infinita luce, la materia attorno a me sarà

---

[49] Rimando allo splendido dipinto di Madeline Von Foerster *The Chemical Wedding*, dove tale citazione è magistralmente dipinta, ricca di simbologia alchemica raffigurante il Re e la Regina che fuoriescono dall'uovo cosmico ai piedi di una scacchiera.
[50] R. ASSAGIOLI, cit. p. 75.

del pari trasmutata: dal mio carattere dipende il mio destino, dal mio cuore il mio ambiente. I miei peccati sono lo spessore e l'asperità del reale. Ardua, esoterica verità!»[51]

E' a partire dal mondo interno che si forma quello esterno, sono io che, rinascimentalmente, *fabbrico* il reale, sono i miei pensieri che, metafisicamente, lo compongono pezzo dopo pezzo: «L'uomo moderno, che ha dominato la natura e ne sfrutta le energie, non comprende che, in realtà, tutto ciò che egli fa all'esterno ha origine in lui, nel suo animo, è effetto di desideri, istinti, impulsi, programmi, piani[52]. Queste sono attività psicologiche, cioè interne:

---

[51] E. ZOLLA, *Le meraviglie della natura. Introduzione all'alchimia* (1975), Marsilio, Venezia 2004, p. 387.
[52] R. ASSAGIOLI, cit. p. 76.
A tale proposito Battiato afferma: «L'uomo spesso ritiene che i pensieri siano senza vita; egli non si accorge che essi sono più vivi dei germi fisici e hanno una nascita, infanzia, gioventù, maturità e morte. Essi agiscono, secondo la loro natura, per il vantaggio o lo svantaggio dell'uomo. Il sufi li crea, li modella, li controlla. Egli li addestra e li domina durante tutta la sua vita; essi sono il suo esercito ed eseguono i suoi desideri». F. BATTIATO, *Io chi sono? Dialoghi sulla musica e sullo spirito con Daniele Bossari*, Mondadori, Milano 2009, p. 54.

ogni azione esterna è il risultato di moventi interni. Perciò si dovrebbe anzitutto conoscere, esaminare e regolare questi moventi. Un uomo superiore, Goethe, che ha saputo recitare bene la parte dell'uomo normale quando a voluto farlo, ha detto: «Quando abbiamo fatto la nostra parte all'interno, l'esterno si svolgerà da sé automaticamente»[53].

L'uomo superiore dunque è l'uomo che ha coscientizzato l'interdipendenza di mondo interiore ed esteriore, che ha esperito la supremazia del primo a scapito della composizione del secondo. Un tale individuo, secondo le tradizioni filosofiche perenni, non è più nemmeno un uomo: è un uomo-dio. Non un uomo che si è fatto Dio, come accade nella religione cristiana quanto piuttosto un uomo che si scopre Dio, come invece avviene nelle varie tradizioni iniziatiche sia orientali che occidentali. E' proprio a tale proposito che Assagioli ripropone i temi dell'alchimia, dell'arte regale del trasmutarsi, come inoltre rievoca spesso l'unione di percipiente e percepito, il «Tutto è Uno» delle filosofie taoiste e indiane e dunque ancora dell'identità

---

[53] Citato in R. ASSAGIOLI, cit. p. 76.

di uomo e Dio, della divinità della natura umana.

Emilio Servadio, l'altra celebre figura di spicco della psicanalisi italiana, a tale riguardo propone interessanti parallelismi dalle varie tradizioni d'Oriente:

«Plotino dichiarava che quando l'anima si volge al divino, «contemplerà in se stessa la subita apparizione di esso in lei. Nulla s'interpone tra i due. Ma piuttosto i due sono Uno». «Colui che conosce veramente il Brahman supremo, diviene Brahman lui stesso», troviamo nella *Mandukya Upanishad*. Più vicino a noi, ma sempre dall'Oriente, ci giunge il canto di Jalala-Ud-Din Rumi: «Io divenendo Tutto in Tutto, chiaramente vedo Dio in ogni cosa, e dall'ardente desiderio di unione, sorge il grido d'Amore...». Un altro poeta sufi, Jami, postilla: «Fisso lo sguardo, ancora, fino a divenire Uno con Colui che miro. Esso ed io, e null'altro, ma uniti in un indivisibile Essere»[54].

---

[54] E. SERVADIO, *Passi sulla Via Iniziatica* (1977), Mediterranee, Roma 1988, p. 178.

Interessante un episodio riportato dal padre della psicosintesi quando lavorava all'ospedale psichiatrico di Ancona. Assagioli aveva a che fare con un simpatico vecchietto che con estrema lucidità e convinzione affermava di essere Dio. Al di là di un'analisi medica ordinaria che avrebbe considerato il malato come un tipico caso di delirio di grandezza, c'è l'indagine più profonda apportata da uno psichiatra geniale come Roberto Assagioli il quale sa di certo che oltre alle etichette puramente descrittive delle classificazioni cliniche, risiedono indisturbati aprioristici perché, tanto invisibili quanto determinanti riguardo alla vera natura dei disturbi.

Ecco l'analisi dello psichiatra veneziano in proposito:

«E' noto come la percezione interiore della realtà dello Spirito e della sua intima compenetrazione con l'anima umana dà a colui che la prova un senso di grandezza e di allargamento interiore, la convinzione di partecipare in qualche modo alla natura divina.

Nelle tradizioni religiose e nelle dottrine spirituali d'ogni tempo se ne possono trovare numerose attestazioni e conferme, espresse non di rado in forma assai audace.

Nella Bibbia troviamo la frase esplicita e recisa: «Non sapete che siete Dei?». E Sant'Agostino dice: «Quando l'anima ama qualcosa, diviene a essa simile; se ama le cose terrene, diventa terrena; ma se ama Dio (si potrebbe chiedere) diventa essa Dio?»[55].

Va notato che Assagioli, probabilmente per assonanza con le sue radici ebraiche, cita spesso la Bibbia e addirittura anche S. Paolo. Pur considerando l'eterogeneità sulla quale poggia fermamente la sua *Weltanschauung*, rimane a mio avviso piuttosto difficile conciliare lo sviluppo armonico della persona che scopre di essere «magica» e addirittura «divina», che accetta e vive la sessualità integrandola perfino in tale processo di autosviluppo[56] con la visione dell'uomo

---

[55] R. ASSAGIOLI, *Lo sviluppo transpersonale*, cit. p. 101.
[56] «In molte tradizioni religiose, filosofiche e spirituali l'unione sponsale è simbolicamente collegata al divino, e molte sono le pratiche che mirano ad utilizzare l'energia sessuale per elevarla fino alle vette dell'illuminazione; sembra dunque che l'uomo abbia sempre intuito che la sessualità racchiude un segreto che la collega strettamente ala dimensione

peccatore e costantemente minacciato e punito da Dio, quale quella presentata nell'Antico Testamento, poi ripresa e acuita ancora di più da S. Paolo specialmente per ciò che concerne all'aspetto sessuale.

Decisamente più calzanti e idonee alla visione psicosintetica risultano invece le citazioni riprese dalla tradizione orientale, soprattutto indiana, ascoltiamo ancora Assagioli al riguardo: «L'espressione più estrema della identità di natura fra lo spirito umano nella sua pura e reale essenza e lo Spirito Supremo è contenuta nell'insegnamento centrale della filosofia Vedanta: *Tat twam asi* (Tu sei Quello) e *Aham evam Brahman* (In verità io sono il supremo Brahman)»[57].

Non solo il Vedanta ma anche il Buddismo viene accostato al Cristianesimo per delineare quello stato di sovraumanità caratteristico di chi ha raggiunto l'unità: l'uomo superiore o l'uomo-dio:

---

transpersonale». P. GUGGISBERG NOCELLI , cit., p.112.

Per un approfondimento dettagliato sulla sessualità quale via alla trascendenza si veda J. EVOLA, *Metafisica del sesso*, Mediterranee, Roma 1994.

[57] *Ibidem*. Battiato riprende questo insegnamento nell'omonimo brano *I'm that* (Tat twam asi), in *Dieci stratagemmi*, Sony 2004.

«Così si arriva a quella che è stata chiamata «la santa libertà» dei figli di Dio, alla «vita unitiva».

San Giovanni della Croce afferma arditamente che chi l'ha raggiunta «sembra il medesimo Dio e ha le stesse proprietà di lui».

E' lo stato di vittoria, di liberazione che gli orientali chiamano *Nirvana*. In esso ogni desiderio, ogni brama personale è consunta, ogni attaccamento bruciato, ogni paura svanita. Lo spirito così svincolato acquista una sottile e formidabile potenza: è capace di *wu-wei*, dell'azione senza azione, cui nulla può resistere»[58].

Interessante come l'indagine assagioliana del malato di Ancona finisca per svelare gli stati mistici inerenti le tradizioni spirituali più disparate. La domanda plausibile in relazione a tale sincretismo è quella che pone l'allievo di Assagioli Piero Ferrucci nel suo saggio *Esperienze delle vette*:

«Come distinguere la vera illuminazione dal delirio? Che differenza c'è fra la vera

[58] *Ivi*, p. 94.

visione e un'orgia di circuiti cerebrali impazziti? [...] qui basti dire che la vera illuminazione porta serenità e gioia, mai esaltazione o crudeltà; che sempre rigenera e mai offende; che aiuta a espandersi oltre i confini del mondo personale; e che, nella sua manifestazione più completa, è la stessa per tutti: *satori, samādhi, nirvāna, unio mistica, fanā, wu*: i termini variano a seconda della tradizione, l'esperienza è la stessa in tutte le culture.

E' un'esperienza molto difficile da descrivere»[59].

Le cosiddette *peak experiences* sono solitamente vissute da persone dotate di quozienti di salute psicologica eccellenti, la differenza tra ciò che è sano e ciò che è malato secondo la società, non ha dunque alcun valore dal punto di vista scientifico – per tornare ancora a Zolla: «dal punto di vista metafisico non esiste patologia»[60]. Lo stesso Assagioli ha avuto diverse esperienze culmine durante la sua esistenza, come quella già menzionata durante la detenzione. Nonostante la visione

---

[59] P. FERRUCCI, *Esperienze delle vette*, Astrolabio, Roma 1989, p. 94.
[60] E. ZOLLA, *Archetipi*, cit., p.36.

meccanicista, che reputa reale solamente lo stato di veglia, difficile screditare le esperienze di un personaggio di tale levatura quale è Roberto Assagioli.

In ogni modo il dissidio tra una visione calcolante e una metafisica ha da sempre animato la storia del pensiero fin dall'antichità, pensiamo ad Eraclito e il contrasto tra gli svegli e i dormienti ad esempio. Lo stato di veglia opposto a quello di sogno tra l'altro viene ampiamente proposto nelle Vie Iniziatiche del passato e del presente – la rivisitazione simbolica del film *Matrix* ne è un eloquente metafora interpretativa. Quando Morpheus chiede a Neo di scegliere tra la pillola blu e quella rossa, gli chiede in pratica di decidere se continuare a vivere da dormiente, da uomo comune o se vuole compiere il passo di non ritorno, il salto all'altro Io, cioè se vuole diventare un iniziato, se vuole svegliarsi.

«Gli sciocchi si considerano adesso come svegli – tanto è personale la loro conoscenza. Siano principi o guardiani di greggi, son sempre così iattanti e sicuri di sé. (Chuang-Tzu)
Questa metafora dello svegliarsi dal sogno ricorre più volte nelle varie

formulazioni della Filosofia Perenne. In questo contesto la liberazione può esser definita come processo di risveglio dall'assurdità, dagli incubi e dai piaceri illusori di quella che generalmente viene chiamata vita reale: un risveglio nella coscienza dell'eternità»[61].

La Via della psicosintesi, formulata ed esperita da Roberto Assagioli «dentro» e «fuori» quel mondo che solo ingenuamente continuiamo a dividere in esteriore e interiore, può certo rappresentare un percorso di risveglio, un *reale* percorso iniziatico di non ritorno, di approdo al vero Sé. In questo senso è conoscenza, è ricchezza, una ricchezza il cui valore è proporzionale alla sua realtà, alla pratica della sua esperienza.

---

[61] A. HUXLEY, cit. p. 225.

Dalla gioia questi esseri sono nati; per la gioia vivono e crescono; alla gioia ritornano.

Upanishad

RIFERIMENTI BIBLIOGRAFICI CITATI E CONSULTATI

OPERE DI ASSAGIOLI

R. ASSAGIOLI, *La conoscenza di sé*, in *Corso di lezioni sulla psicosintesi*, dattiloscritto, 1973.

R. ASSAGIOLI, *Comprendere la psicosintesi. Guida alla lettura dei termini psicosintetici*, Astrolabio 1991.

R. ASSAGIOLI, *Dalla coppia all'umanità. Introduzione alla psicosintesi inter-individuale*, L'uomo, Firenze 2011.

R. ASSAGIOLI, *Il mondo interiore. Scritti teosofici 1918-1962*, Edizioni teosofiche italiane, Vicenza 2008.

R. ASSAGIOLI , *L'atto di volontà*, Astrolabio, Roma 1978.

R. ASSAGIOLI, *Lo sviluppo transpersonale*, Astrolabio, Roma 1998.

R. ASSAGIOLI, *Principi e metodi della psicosintesi terapeutica*, astrolabio, Roma 1973

R. ASSAGIOLI, *Psicosintesi – Armonia della vita*, Astrolabio, Roma 1993.

R. ASSAGIOLI, G. PREZZOLINI, G. PAPINI, *Carteggi (1904 – 1974)*, Edizioni di Storia e Letteratura, Roma 1998.

STUDI SU ASSAGIOLI

P. GUGGISBERG NOCELLI, *La via della psicosintesi*, L'Uomo Edizioni, Firenze 2011.

M. MELEGA, *L' itinerario mistico di Angela da Foligno, figlia di san Francesco, e analogie con la psicosintesi di Roberto Assagioli*, Galassia Arte, Roma 2012.

P. M.BONACINA, *Manuale di psicosintesi. Il cuore teorico dell'opera di Assagioli*, Xenia, Milano 2010.

P. GIOVETTI, *Roberto Assagioli*, Mediterranee, Roma 1995.

G. BARBANERA, *Roberto Assagioli. Luce, gioia,* Calosci, Arezzo 2003.

S. BARTOLI, *Parole simbolo. Parole per la personalità e per l'anima: una tecnica della psicosintesi di Roberto Assagioli*, Nomina, Roma 2004.

ALTRE FONTI

M. BAIGENT – R. LEIGH, *L'elisir e la pietra. La grande storia della magia,* tr. it. di S. Lalia, Il Saggiatore, Milano 2003.

A. BAILEY, *Autobiografia incompiuta*, Edizioni Nuova Era, Roma 1989.

F. BATTIATO, *I'm that,* dall'album *Dieci stratagemmi,* Sony 2004.

- *Io chi sono? Dialoghi sulla musica e sullo spirito con Daniele Bossari,* Mondadori, Milano 2009

J. G. BALLARD, *Visioni,* Shake, Milano 2008.

C. CASTANEDA, *L'arte di sognare*, Bur, Milano 2000

J. EVOLA, *Metafisica del sesso*, Mediterranee, Roma 1994.

P. FERRUCCI, *Esperienze delle vette*, Astrolabio, Roma 1989

L. GIULIODORI, *Esperienze metafisiche esposte in evidenza: Elémire Zolla e la Tradizione* in "Frammenti di filosofia contemporanea", Limina Mentis Editore, Villasanta (MB) 2013.

- *Il Risveglio*, Midgard, Perugia, 2007.

G. I. GURDIJEFF, *Vedute sul mondo reale*, Neri Pozza, Torino 2000.

W. J. HANEGRAAFF, *New Age Religions and Western Culture: Esotericism in the Mirror of Secular Thought*, E. J. Brill, Leiden, 1996, p. 503.

J. HOLMAN, *La filosofia perenne*, tr. it. di E. Farsetti, Artheusa, Torino 2011.

A. HUXLEY, *La filosofia perenne* (1945), tr. it. di G. De Angelis, Adelphi, Milano 2008, p. 226.

A. M. LA SALA BATA', *Guida alla conoscenza di sé*, Edizioni di Armonia e Sintesi, Roma 1999

A. MASLOW, *Verso una psicologia dell'essere*, Astrolabio Ubaldini, Roma 1971.

W. W. QUINN JR, *The Only Tradition*, State University of New York Press, Albany, 1997.

D. RUSSELL, *Seven basic constructs of psychosynthesis*, in "Psychosynthesis Digest, Vol. 1, n. 2.

E. SERVADIO, *Passi sulla Via Iniziatica* (1977), Mediterranee, Roma 1988.

M. SGALAMBRO, *Marcisce anche il pensiero*, Bompiani, Milano 2013.

H. SMITH, *The world's religions: our great wisdom traditions*, Harper Collins, New York 2001

R. WALSH, *I confini della psicologia* in M. Roselli (a cura di), *I nuovi paradigmi della psicologia*, Cittadella, Assisi 1992.

G. WEHR, *Jung: a biography*, Shambhala, London, 2001.

E. ZOLLA, *Archetipi*, Marsilio, Venezia 1996.

- *Che cos'è la Tradizione*, Adelphi, Milano 1998

- *Eclissi dell'intellettuale*, Bompiani, Milano 1959,

- *Gli usi dell'immaginazione e il declino dell'Occidente*, A.I.R.E.Z., 2010.

- *Le meraviglie della natura. Introduzione all'alchimia* (1975), Marsilio, Venezia 2004

- *Volgarità e dolore*, Bompiani, Milano 1966.

www.luciogiuliodori.net

www.luciogiuliodori.net

www.luciogiuliodori.net